DOS CALIFOR

About one of the most impo
recorded in the historical annals of Alta California,
that cradle of heroes and heroines, in one of the last years
of the rule of the King of Spain.

*Either I am much mistaken, or this will
prove the most famous adventure ever seen.*

*Inmenso trabajo costó inqui-
rir y buscar todos los archivos.*

*El suceso más apasionante de la historia de Alta California
bajo el dominio del Rey de España
recopilado laboriosamente de polvorientos archivos por
Harry Knill e ilustrado verazmente por Gregory Irons*

One day in October, 1818, a young Californio was riding along the beach near Monterey, the capital of His Catholic Majesty's loyal territory of Alta California. The Spanish Empire forbade its people to trade with anyone not a subject of Spain, and his Majesty's governor, the good Don Pablo Vicente de Sola, had enlisted many Californios to watch the coast for smugglers. The governor particularly disliked the Yankee and Russian ships which cruised off his coast to kill the beautiful sea otters for their skins.

Suddenly the boy's horse shied; the boy reined it in, and saw what the horse had seen—an old sea otter on the rocks, looking too weak to move, with the broken point of a hunting spear sticking from his leg. The boy thought with rage of the plundering strangers who were doing this, and decided to spite them and help the old sea otter by taking it to an old Indian friend at Mission San Carlos, whose medicines cured men and beasts alike.

Un día de octubre de 1818 un joven californio cabalgaba por la playa cerca de Monterey, capital de Alta California, el leal territorio de su Católica Majestad. El Imperio Español prohibía que su gente comerciara con alguien que no fuera súbdito de España, y el gobernador de Su Majestad, el bueno de Don Pablo Vicente de Sola, había reclutado a muchos californios para guardar la costa contra los contrabandistas. El gobernador detestaba particularmente los barcos yanquis y rusos que navegaban por su costa para matar las bellas nutrias de mar por sus pieles.

De pronto, el caballo del chico respingó; el chico lo refrenó y vio lo que había visto el caballo: una vieja nutria sobre las rocas, demasiado débil como para moverse; un trozo de arpón roto sobresalía de su pata. El chico pensó con rabia acerca de los rapaces forasteros que hacían esto y decidió mortificarles y ayudar a la nutria llevándola a un amigo, un viejo indio de la misión de San Carlos, cuyos ensalmos curaban a hombres y bestias por igual.

Mission San Carlos on the Carmel River had once been the favorite residence of Padre Junipero Serra, who founded the missions of Alta California.

The old Indian here decided that what the otter needed was Andre's mule ointment, invented to cure sores on pack mules. It was made of kidney tallow, soot, salt, sulphur, and dried horse manure, well ground up and mixed, and had once had the honor of saving Padre Serra himself. The Indian removed the spearhead, then smeared the ointment on the otter's wound. Soon it began to heal.

As the boy tried to care for the invalid, he began to learn about the ways of sea otters, which had lived happily in the kelp beds off the coast of California for thousands of years. They are members of the *Mustelidae* family, which includes river otters, skunks, weasels, and badgers.

La misión de San Carlos, en el río Carmel, había sido en un tiempo la residencia favorita del Padre Junípero Serra, el fundador de las misiones de Alta California.

El viejo indio decidió que lo que la nutria necesitaba era la pomada de la mula de Andrés, inventada para curar llagas de mulas de carga. Estaba hecha de sebo de riñón, hollín, sal, sulfuro y estiércol seco de caballo, todo bien molido y mezclado, y en una ocasión había tenido el honor de salvar al propio Padre Serra. El indio extrajo el arpón y luego untó la pomada en la herida de la nutria. Pronto empezó a sanar.

Conforme el chico trataba de cuidar al inválido, comenzó a aprender las costumbres de las nutrias de mar que habían poblado los lechos de algas de la costa de California durante miles de años. Son miembros de la familia *Mustelidae*, que incluye nutrias de río, mofetas, comadrejas y tejones.

God, who gives the wound, gives the remedy.

Dios, que da la llaga, da la medicina.

Although sea otters weigh up to 100 pounds, they are the smallest mammal to live in the sea, and the only ones not protected from its cold by a thick layer of insulating blubber. Instead the sea otter has a thick waterproof fur made up of 800,000,000 hairs. The fur traps in a blanket of insulating air, so that the otter's skin is never touched by the water. But this air blanket does not insulate the otter as well as a seal's blubber, so the sea otter needs to eat three times as much as a seal—about a quarter of his body's weight each day—to keep warm.

A healthy sea otter hunts its food in the water: it swims with its huge flattened hind feet, and uses its forepaws to gather food and clean its fur. Hunting along the bottom with sharp eyes, it pries shellfish loose from the rocks. Sea otters can use tools, and often use rocks to pry abalones loose, or break shells. A sea otter can store up to 18 clams in the pouch of skin under each foreleg. When he has enough clams, he will swim along the surface on his back, with a rock on his chest against which he breaks shells to eat his stored clams. From time to time he rolls over in the water to wash off the food scraps, because if his coat becomes matted, it will no longer be warm and water-tight.

Sea otters also like octopus, starfish, mussels, and sea urchins, which are full of the chemical biochrome *polyhydroxynaphthoquinone*. Sea otters eat so many sea urchins that this chemical colors their bones purple!

Aunque las nutrias de mar pueden pesar hasta 100 libras, son los mamíferos más pequeños que viven en el mar, y los únicos que no están protegidos del frío por una gruesa capa de grasa aislante. En cambio, la nutria de mar tiene una espesa piel impermeable compuesta de hasta 800,000,000 pelos. La piel atrapa una cubierta de aire aislante de modo que el agua no toca jamás la epidermis de la nutria. Pero esta cubierta de aire no aísla a la nutria tan bien como la grasa de una foca, así que la nutria necesita comer tres veces más que una foca, como un cuarto del peso de su cuerpo al día para mantenerse caliente.

Una nutria sana caza su comida en el agua: nada con sus enormes y aplanados pies traseros, y usa sus patas delanteras para coger comida y limpiar su piel. Cazando por el fondo con agudos ojos, desprende el marisco de las rocas. Las nutrias pueden hacer uso de utensilios, y a menudo usan rocas para desprender orejas marinas o romper conchas. Una nutria puede guardar hasta 18 almejas en la bolsa de piel bajo cada pata delantera. Cuando tiene suficientes almejas nada sobre la superficie de espaldas, con una piedra en su pecho contra la que rompe las conchas de las almejas almacenadas. De cuando en cuando se voltea en el agua para lavarse las sobras de comida, porque si su capa se enreda, dejará de ser caliente y hermética.

A las nutrias les gustan también los pulpos, las estrellas de mar, los mejillones y los erizos de mar, que están llenos del producto químico biocromático *polyhydroxynaphthoquinone*. Las nutrias de mar comen tantos erizos de mar que este producto químico colorea sus huesos de púrpura.

After a hearty meal, the sea otter washes himself thoroughly, then settles down to sleep, floating on his back in the kelp beds, just off rocky points or in large bays. Sometimes he even pulls kelp across his body, like a blanket.

Our Californio found that the old sea otter would eat from his hand, but needed nearly 20 pounds of food a day, and had to be near the water to keep his fur clean. He preferred to eat in the water.

He had learned from nearby Esselen Indians what to feed the otter. They showed him how to gather shellfish on the beach when the tide was out, and he kept very busy finding enough clams to feed his hungry friend.

The sea otter was hunted so severely that by the twentieth century it was nearly extinct. In 1911 an international treaty banned hunting them. As the sea otter has few natural enemies other than man, they have increased, and now there are about 2,000 in California; their number increases about 5% a year. They can be seen from Santa Cruz in the north to Avila in the south and extend their range about five miles in both directions every year.

Our old sea otter was so grateful for the boy's help that he made him his *valedor*—his protector and defender. This common California expression was used when two persons swore to help each other in everything, and to be closer than brothers.

In early Spanish days, when cattle and domestic animals were first brought up from Mexico, the settlers were so close to their animals that they gave each a first name, which was entered in the mission's account book. Our boy sometimes asked the sea otter what his name was.

If nature allowed animals to speak, as in Aesop's time, I would tell you.

Tras una voraz comida, la nutria se lava completamente y luego se dispone a dormir, flotando de espaldas en lechos de algas, cerca de puntas rocosas o en grandes bahías. A veces, incluso se arropa con algas, a modo de manta.

Nuestro californio encontró que la vieja nutria comía de su mano, pero necesitaba casi 20 libras de comida al día, y tenía que estar cerca del agua para mantener limpia su piel. Prefería comer en el agua.

Nuestro californio aprendió de unos indios Esselen cercanos con que alimentar a la nutria. Le enseñaron a coger marisco de la playa cuando la marea está baja, y se afanaba buscando suficientes almejas para alimentar a su hambrienta amiga.

La nutria fue perseguida tan ferozmente que para el siglo veinte estaba casi extinguida. En 1911 un acuerdo internacional prohibió su caza. Como la nutria tiene pocos enemigos naturales aparte del hombre, han incrementado, y ahora hay unas 2,000 en California; su número aumenta alrededor del 5% al año. Pueden ser vistas desde Santa Cruz, en el norte, hasta Avila en el sur, y extienden su ámbito unas 5 millas en ambas direcciones cada año.

Nuestra nutria estaba tan agradecida por la ayuda del chico que le hizo su *valedor*—su protector y defensor. Este dicho californiano se usaba cuando dos personas se juraban ayuda mutua en todo, y estar más unidos que hermanos.

En tiempos de los españoles, cuando el ganado y los animales domésticos fueron traídos por vez primera desde México, los colonos estaban tan unidos a sus animales que les daban a cada uno un nombre, que era registrado en el libro de cuentas de la misión. A veces, nuestro chico preguntaba a la nutria que cómo se llamaba. "Si la naturaleza permitiera hablar a los animales, como en tiempos de Esopo, te lo diría."

Sustenta la vida, que más que a mí te importa.

But their quiet days were to be interrupted from the sea. Away in South America the Spanish colonists had declared their independence from the King of Spain, who did not like this idea. He sent troops to fight them, as the King of England had done when his colonies in eastern North America had rebelled against him.

The South Americans fought back in as many ways as they could. Having no navy, they gave sea captains commissions to arm their merchant ships and attack any ship or territory loyal to the King of Spain. The Captain and the crew got to split any money they made from captures, so they were usually more interested in looting than fighting.

One commission went to Commodore Hipolito Bouchard, a daring seaman born in France. General San Martín sent Bouchard from the Republic of the Río de la Plata, now Argentina, with two ships, the *Santa Rosa*, with 18 guns, and the *Argentina*, with 44, both American-built, to do as much harm as possible around the world to anyone loyal to the King of Spain.

In October, 1818, Bouchard's ships arrived at Owhyhee in the Sandwich Islands (as our 50th state was then called). King Kamehameha agreed to let them take on supplies and a crew for their attack on California. The Commodore visited an old Hawaiian fort which was surrounded by a double fence of human bones: their owners had been enemies of an earlier king. Here was an idea for California.

Pero sus tranquilos días fueron interrumpidos desde el mar. Allá, en América del Sur, los colonos españoles habían declarado su independencia del Rey de España, al cual no le gustó esta idea. Envió tropas para combatirles, como había hecho el Rey de Inglaterra cuando sus colonias del este de América del Norte se rebelaron contra él. Los sudamericanos se defendieron como pudieron. Sin armada, dieron licencia a los capitanes para que armaran sus barcos mercantes y atacaran cualquier barco o territorio leal al Rey de España. El capitán y su tripulación se dividían cuanto dinero capturaran, de modo que solían interesarse más en el pillaje que en la lucha.

Una licencia fue para el comodoro Hipólito Bouchard, un osado marino nacido en Francia. El general San Martín envió a Bouchard desde la República del Río de la Plata, hoy Argentina, con dos barcos, el *Santa Rosa*, con 18 cañones, y el *Argentina*, con 44, ambos construidos en América, para que hicieran todo el daño posible por el mundo a cualquiera que fuera leal al Rey de España.

En octubre de 1818 los barcos de Bouchard llegaron a Owhyhee, en las islas Sandwich (como se denominaba entonces nuestro 50 estado). El Rey Kamehameha accedió a dejarles tomar víveres y una tripulación para atacar California. El comodoro visitó un antiguo fuerte hawaiano, rodeado de una doble cerca de huesos humanos: sus poseedores habían sido enemigos de un monarca anterior. Hé aquí una idea para California.

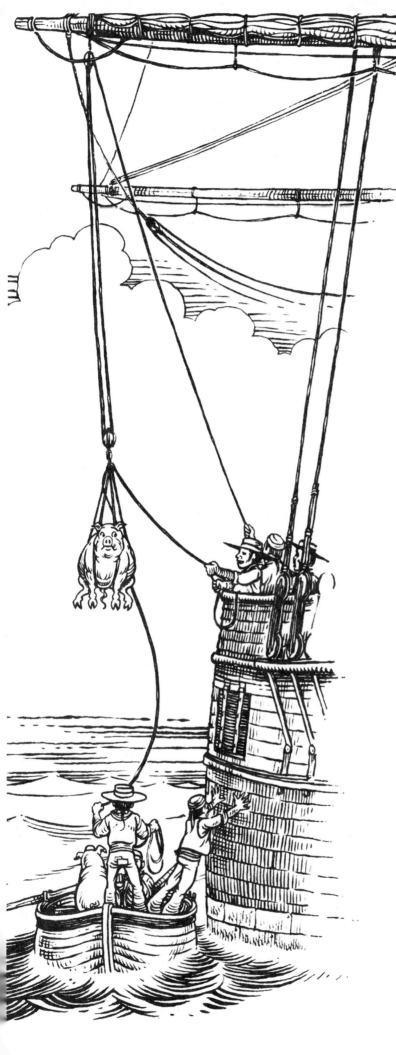

Meanwhile at Woahoo his crew loaded hogs and vegetables; on October 20th they sailed with a crew of Sandwich Islanders, Americans, Spaniards, Portuguese, Blacks, Manilamen, Malays, and a few English and Scotsmen, bound for an attack on California!

Shortly before, a Captain Gyzalaer had sailed for California, and had brought word of Bouchard's plans to his friend Don José de la Guerra in Santa Barbara. Governor Sola warned the four presidios—central military posts of the government—at San Francisco, Monterey, Santa Barbara, and San Diego to be ready to withstand attack. Indians at the missions made up a large supply of bows and arrows for the defense and lookouts were ordered to be alert all along the coast. Many, of course, were already there watching for sea otter hunters.

Bouchard's ships arrived off California's coast near the Russian settlement of Bodega Bay and Fort Ross, where there were about 100 Russians, mostly convicts from Siberia. The Russians had bought this territory from the Indians for 3 blankets, 3 pair of britches, 2 axes, 3 hoes, and some beads. They were friendly people, and were willing to sell eggs and oil to Bouchard.

(In early California, the little boys began their riding on piggy-back. En la antigua California, los niños aprendían a montar con cerdos.)

At Monterey, unaware of Bouchard's coming, our boy wondered why anyone would hurt such loveable intelligent harmless animals as the otters. The Spanish had never bothered them. But Captain Cook's English sailors had discovered that the Chinese would pay huge sums for the beautiful sea otter skins. In 1812 there were so many sea otters in Monterey Bay that sailors rowing ashore kept banging into them with their oars. But that was the year that Yankee sea captains and Russian adventurers began to pursue the otters. Our old sea otter was hunted by Aleuts—Alaskan natives—from the Russian ship *Kutusov*. These northern hunters wore waterproof clothes made out of seal guts, and masks that looked like sea otter faces, as they paddled along the coast for hundreds of miles in their kayaks, sea ottering. General Vallejo guessed, wildly, that those hunters killed 10,000 otters a year after 1812.

Mientras, en Woahoo, su tripulación cargaba cerdos y verduras; el 20 de octubre zarparon con una tripulación de isleños de la Sandwich, americanos, españoles, portugueses, negros, manileños, malayos y unos cuantos ingleses y escoceses, rumbo al ataque de California. Poco antes, un tal capitán Gyzalaer había zarpado rumbo a California, y había contado a su amigo Don José de la Guerra, en Santa Bárbara, los planes de Bouchard. El gobernador Sola puso en guardia los cuatro presidios—puestos militares—en San Francisco, Monterey, Santa Bárbara y San Diego para que se aprestaran a resistir el ataque. Los indios de las misiones reunieron una gran provisión de arcos y flechas para la defensa, y se ordenó a los vigías que estuvieran alerta por toda la costa. Por supuesto, muchos ya estaban allí buscando cazadores de nutrias.

Los barcos de Bouchard arribaron a la costa de California cerca de la colonia rusa de Bodega Bay y Fort Ross, donde había unos 100 rusos, la mayoría presidiarios de Siberia. Los rusos habían comprado a los indios este territorio por 3 mantas, 3 pares de pantalones, 2 hachas, 3 azadas y algunas cuentas. Eran gente amigable y estuvieron dispuestos a vender huevos y aceite a Bouchard.

En Monterey, nuestro chico que ignoraba la llegada de Bouchard, se preguntaba por qué alguien dañaría a unos animales tan amables, inteligentes, vivaces e inofensivos como las nutrias. Los españoles jamás las habían molestado. Pero los marineros ingleses del capitán Cook habían descubierto que los chinos pagaban enormes sumas por las preciosas pieles de las nutrias. En 1812 había tantas nutrias en la bahía de Monterey que los remos de los marinos, al remar hacia tierra, tropezaban constantemente con nutrias. Pero aquel año los capitanes de mar yanquis y los aventureros rusos comenzaron a perseguir a las nutrias. Nuestra vieja nutria había sido cazada por nativos de las Aleutas a bordo del barco ruso *Kutusov*. Estos cazadores septentrionales llevaban ropas impermeables hechas con tripas de foca, y máscaras que parecían caras de nutria conforme remaban a lo largo de la costa por cientos de millas en sus kayaks a la caza de nutrias marinas. El general Vallejo calculaba a bulto que los cazadores mataban unas 10,000 nutrias al año a partir de 1812.

Fort Ross in *New Albion*, as the English never failed to call it

Then Bouchard sailed south. Historian Bancroft says he probably did not sail into San Francisco Bay, but Alvarado, who later served twice as governor of California, and the great General Vallejo say he did, that on November 20, 1818, Arguello, who commanded the Presidio of San Francisco, was told that the large ships were in the waters between Bolinas and Point Lobos. Arguello ordered all his soldiers and Indians up to the roofs, where they would appear as a large army, and fired a cannon to frighten off the attackers.

Commodore Bouchard sailed southward: maybe he was frightened by seeing so many defenders, or perhaps he just thought so small and poor a place as San Francisco would have no booty worth taking.

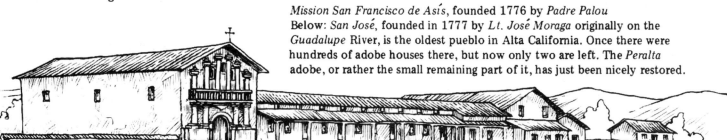

Mission San Francisco de Asís, founded 1776 by *Padre Palou*
Below: *San José*, founded in 1777 by *Lt. José Moraga* originally on the *Guadalupe* River, is the oldest pueblo in Alta California. Once there were hundreds of adobe houses there, but now only two are left. The *Peralta* adobe, or rather the small remaining part of it, has just been nicely restored.

Luego Bouchard zarpó rumbo al sur. El historiador Bancroft dice que probablemente aquél no entró en la bahía de San Francisco, pero Alvarado, quien sirvió más tarde como gobernador de California por dos veces, y el gran general Vallejo dicen que sí, que el 20 de noviembre de 1818 Arguello, que mandaba el presidio de San Francisco, se enteró de que dos grandes barcos estaban en aguas entre Bolinas y Point Lobos. Arguello ordenó a todos sus soldados e indios que subieran a los tejados, donde parecerían un gran ejército y disparó un cañón para espantar a los atacantes.

El comodoro Bouchard zarpó rumbo al sur; puede que se asustara al ver tantos defensores, o quizá pensó simplemente que un lugar tan pequeño y pobre como San Francisco no tendría botín que mereciera la pena.

You might think, in this age of preservation, that the last thing to be destroyed would be any of the remaining ancient homes of the early Californios. But this is not so. MANY have been destroyed lately, and are gone FOREVER! With luck, California will still be here 500 or a thousand years from now, and there may be children then interested in seeing the abodes of the settlers of their towns. The list of recently destroyed adobe buildings is long enough to be tear-rending.

The Peralta adobe

They now worked together, rounding up bellowing cattle by the howling sea.
Trabajaban ahora juntos, recogiendo ganado bramante junto al mar rugiente.

Mission San José, founded 1797 by *Padre Lasuén*

Bouchard headed towards the richest parts of Alta California. On the ranchos of Mission San José were approximately 7,000 head of cattle, and 12,000 sheep, grazing over an area covered today by cities from Fremont to Dublin to Livermore to Walnut Creek to Concord and Martínez. Further south still was the pueblo of San José de Guadalupe, the first town founded in *New* California (Baja California, settled many years earlier, was called *Old* California).

Still further south was Santa Cruz Mission, with its nearby village of Branciforte, whose only grandeur was in its name. Many Californians could imagine no greater benefit to the province than that the disreputable settlers of Branciforte should be sent somewhere a million leagues away for two-hundred years.

When the shady characters there and the six soldiers of the Mission heard that Bouchard was heading their way, they decided to keep him from robbing their rich and flourishing mission by taking everything first for themselves. The local judge, Don Joaquín Buelna, resisted the mob, which accused him of being an ally of the enemy. But the good judge quelled them with poetry—a mighty weapon in old California. Bouchard did not attack Santa Cruz after all; he was heading for the richest prize, the capital at Monterey.

Santa Clara Mission, founded 1777 by *Padre Peña*

The first mission here was abandoned because of flooding, and a second was only temporary. A third, begun in 1781—a magnificent building—was damaged by earthquakes in 1812 and 1818; a fourth was begun in 1818, and then a fifth in 1822—the church shown here. Alas, it burned down in 1926, but was replaced by a concrete replica which should last.

Here served the interesting Padre Durán in 1818.
You can read about one of his adventures after he
moved to Santa Barbara in *Rosie & the Bear Flag.*

Bouchard se dirigió hacia las partes más ricas de Alta California. Tierra adentro, en los ranchos de la misión de San José aproximadamente había 7,000 cabezas de ganado, y 12,000 ovejas, pastando en un área cubierta hoy por ciudades desde Fremont a Dublin, Livermore, Walnut Creek, Concord y Martinez. Más al sur aún estaba el pueblo de San José de Guadalupe, la primera localidad fundada en *Nueva* California (Baja California, colonizada muchos años antes era llamada *Vieja* California).

Aún más al sur estaba la misión de Santa Cruz, con su cercano pueblo de Branciforte, cuya única grandeza residía en su nombre. Muchos californios no podían imaginar un mayor beneficio para la provincia que el que los despreciables colonos de Branciforte fueran enviados como a un millón de leguas lejos por doscientos años.

Cuando los turbios tipos de allí y los seis soldados de la misión se enteraron que Bouchard se dirigía hacia ellos decidieron evitar que robara su rica y floreciente misión apoderándose de todo ellos mismos primero. El juez local, Don Joaquín Buelna, resistió al populacho, que le acusó de estar aliado con el enemigo. Pero el buen juez les sojuzgó con poesía —poderosa arma en la antigua California. Bouchard no atacó Santa Cruz después de todo; se dirigía hacia la presa más rica, la capital, Monterey.

Mission San Juan Bautista, founded 1797 by *Padre Lasuén*

Here in 1818 Thomas Doak, the first American settler in California, worked decorating the walls of the mission church. This town and mission are one of the most lovely spots in California, and you will especially enjoy the rodeo there in July.

Mission Santa Cruz, founded 1791 by Padre Lasuén. The first site, too near the river, was abandoned and a new stone and adobe church, with vaulted roof, was built on the mesa in 1793. Earthquakes in 1840 and 1858, sadly, brought it down.

Captain Corney of the *Santa Rosa*, Bouchard's lieutenant, described the town of Monterey he saw when there before: it is "most pleasantly situated on a beautiful and extensive plain, nearly half a mile from a sandy beach. It consists of about 50 houses of one story, built in a square and surrounded by a square wall, about 18 feet high; on the south side of the square stands the church; on the west, the governor's house; on the east, the lieutenant-governor's house and the king's warehouses; on the north side is the grand and principal entrance, jail, and guardhouse, while in the middle are two field-pieces, 6-pounders. There are many farm houses scattered over the plain, with large herds of cattle and sheep. On a hill, about one mile to the west, stands the fort. The whole population of the town does not exceed 400 souls."

Over these citizens, and all the inhabitants of New and Old California presided Don Pablo Vicente de Sola, who had become governor in 1815. A wise and kind man, he was particularly loved by the children of Monterey, whom he took great pains to look after. He loved all children, perhaps because he had none of his own. Sola took a great interest in the schools; when he first took office, he ordered schoolmaster Archuleta to appear before him with the students. Sola gave the children candy and nuts, then explained to them the advantages in life which their education would some day give them. He would take the best older students into his service, to improve their handwriting by making a copy for the governor's files of the letters he wrote on government business. In those days, anyone who wanted to keep a copy of a document he had written needed someone to copy it for him, so there was always a job for a person with good handwriting.

Sola gave the Monterey school a number of books about government, and also a most excellent work by the great Miguel de Cervantes Saavedra named *Don Quixote de la Mancha*. He explained to them that from this work they could learn much of the soul of man and the soul of Spain, and perhaps, if they read it with great understanding, they might, as they rode down the lanes of California, see ahead of them the gaunt knight on his bony steed Rocinante, listening to fat Sancho Panza, who had a proverb to fit every occurrence, as they looked for adventures and a chance to help the helpless. (A few flowers plucked from this great book have been strewn along the wayside in this story to improve the appearance of our landscape.)

Governor Sola also donated money to found two new schools for boys and one for girls in Monterey, and adopted three of the town's boys, who later became great men in California and wrote memoirs which praised the kind governor.

The Monterey Presidio, founded 1770 by *Gaspar de Portolá*, as Bouchard saw it

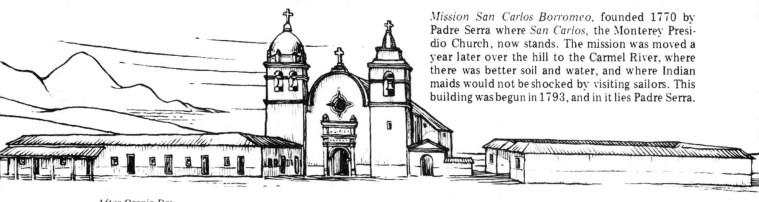

Mission San Carlos Borromeo, founded 1770 by Padre Serra where *San Carlos*, the Monterey Presidio Church, now stands. The mission was moved a year later over the hill to the Carmel River, where there was better soil and water, and where Indian maids would not be shocked by visiting sailors. This building was begun in 1793, and in it lies Padre Serra.

After Orania Day

El segundo de Bouchard, capitán Corney del *Santa Rosa*, describió la ciudad de Monterey que vió desde el mar: está "situada de lo más agradablemente en una bella y amplia llanura, una media milla de una arenosa playa. Consiste en unas 50 casas de un piso, formando una plaza y rodeada de una muralla cuadrada de unos 18 pies de alto; en el lado sur de la plaza está la iglesia; al oeste, la casa del gobernador; al este, la casa del teniente de gobernador y los almacenes del rey; al norte está la gran entrada principal, la cárcel y el cuartel, mientras que en el centro hay dos piezas de artillería de seis libras. Hay muchas casas de labranza esparcidas por la llanura, con grandes hatos de ganado y ovejas. Sobre una colina, como a una milla hacia el oeste, está el fuerte. La población total de la ciudad no excede las 400 almas.

Don Pablo Vicente de Sola presidía sobre todos estos ciudadanos, y sobre todos los habitantes de la Nueva y Vieja California. Había llegado a ser gobernador en 1815. Hombre sensato y bueno, querido especialmente por los niños de Monterey, a los que se afanó por cuidar. Amaba a todos los niños, quizá porque no tenía ninguno propio. Sola se interesó mucho por las escuelas; cuando tomó su cargo ordenó al maestro Archuleta que se presentara ante él con los estudiantes. Sola dio a los niños dulces y nueces, explicándoles luego las ventajas que les traería en la vida su educación algún día. Tomaba a su servicio a los mejores entre los estudiantes mayores para que mejoraran su escritura copiando para los archivos del gobernador las cartas que escribía sobre asuntos de gobierno. En aquellos días, todo el que quisiera guardar una copia de un documento que hubiera escrito necesitaba que alguien se lo copiara, así que siempre había trabajo para alguien con buena letra.

Sola dotó a la escuela de Monterey con una serie de libros sobre gobierno, y también con la excelsa obra del gran Miguel de Cervantes Saavedra titulada *Don Quijote de la Mancha*. Les explicó que con esta obra podían aprender mucho acerca del hombre y el espíritu de España, y quizá, si la leían con gran inteligencia, podrían, al cabalgar por los caminos de California, ver delante de ellos al flaco caballero sobre su huesudo corcel, Rocinante, escuchando al gordo Sancho Panza, que tenía un refrán para cada lance, en busca de aventuras y de una oportunidad para ayudar a los desvalidos. (Unas cuantas flores arrancadas de este gran libro han sido sembradas al borde del camino en este relato para mejorar la apariencia de nuestro paisaje.)

Tanta filosofía sabe, y más, que Aristóteles.
He knows as much philosophy as Aristotle.

There were already schools in California, but before the time of Governor Sola they were frightening places, "a collection of horrors and torments for childhood." Monterey's schoolmaster Archuleta, a poor old soldier with a crabbed face and a scowl, wore frayed and filthy clothes, and his scholars had to undergo all the punishments that military and clerical refinement could invent to correct them.

When a child finished his work, he took it to Archuleta and waited with fear and trembling.

"AH! You've made a blot here! You wretch, you scoundrel!"

"Worthy master," the child would say, "pardon me today and tomorrow I'll do better."

But the master would seize an enormous whip and order the little one to hold out his hands. The boy could beg and weep all in vain; he had to hold out his hands, which trembled as he waited. The master raised the terrible whip and brought it down two or three times with a loud crack. Then he would hurl the student's paper to the floor with scorn and anger. Sometimes the master's whip was heard a hundred times in an hour—but there was a worse punishment yet!

Upon the table lay a long cat-of-nine-tails. This dread weapon was used to punish major crimes, such as not knowing the lesson, having laughed aloud, or having spilled an inkwell. Then the master would order the criminal to be stretched out upon a bench. He would lash him a dozen times, with his fury increasing, his gray hair bristling, his eyes popping from their sockets as he frothed at the mouth like a wild boar. No wonder the children loved Governor Sola for saving them from these cruelties!

The Governor saw the students frequently, to check on their progress. At this time, when ships came to Monterey but seldom, a ship's arrival was a major event. The lookout on Mount Parnaso near Point Lobos would inform Commandante Estudillo at the Presidio, who in turn notified the Governor, who then ordered the drums to be beaten, to notify the people. Then the Governor and all the people would go down to the beach to watch the ship arrive. Governor Sola ordered that the children should be allowed to leave school and join the excitement on the beach; he could question them about their lessons while everyone waited for the ship.

Once when a ship was sighted, Schoolmaster Archuleta started for the beach, telling his pupils that before they came, they must close their books, cork their ink-bottles, and close the *gatera* by which the cat came in and out. The pupils ran off to the beach helter-skelter to see the Governor,

The immortal, incomparable Spanish nation has many and great resources with which to make herself respected. **Don Pablo** Vicente Sola, teniente coronel de los Reales Ejércitos, Gobernador Político y Militar de la Alta California, y Comandante Inspector de las tropas que guarnecen sus Presidios.

Porque éstos, sin duda, son corsarios
franceses, que hacen a toda ropa.

Ya había escuelas en California, pero antes de la época del gobernador Sola eran sitios espantosos, una "colección de horrores y tormentos para la infancia." El maestro de Monterey, Archuleta, era un pobre soldado viejo, de rostro ceñudo y mal cariz. Llevaba ropas raídas y sucias, y sus escolares tenían que sufrir todos los castigos que el refinamiento militar y clerical pudo inventar para corregirles.

Cuando un niño finalizaba su tarea la llevaba a Archuleta y esperaba con miedo y temblor.

"Ah! ¡Has hecho un borrón aquí! ¡Desventurado, pícaro!"

"Benemérito maestro," decía el niño, "perdóneme hoy y mañana lo haré mejor." Pero el maestro agarraba un enorme látigo y ordenaba al pequeño extender las manos. El niño suplicaba y lloraba en vano; tenía que extender las manos, que temblaban mientras esperaba. El maestro alzaba el terrible látigo y lo bajaba dos o tres veces con un fuerte chasquido. Luego arrojaba el trabajo del estudiante al suelo con desdén e ira. A veces se oía el látigo del maestro cien veces a la hora, pero ¡ había otro castigo peor aún!

Había sobre la mesa una disciplina. Esta terrible arma se usaba para castigar crímenes mayores, tales como no saberse la lección, reir en alto, o derramar un tintero. Entonces, el maestro ordenaba al criminal estirarse sobre un banco. Le azotaba una docena de veces, su furia en aumento, su pelo gris se erizaba, sus ojos se salían de sus órbitas conforme echaba espuma por la boca como un jabalí salvaje. ¡No es extraño que los niños amaran al gobernador Sola por salvarles de estas crueldades!

forgetting all these instructions. The Governor questioned them, and was so pleased with their answers that he sent for a basket of dates to give them. But meanwhile, back at the schoolroom, a flock of chickens found their way in through the *gatera* and spilled the ink-bottles over the books. What thrashings would result when the class returned, but . . .

But school, and all other Monterey daily life was interrupted by Bouchard's coming. The Governor knew that Bouchard would soon attack Monterey, and ordered preparations to be made.

All the families were told to leave in the dark of night, and go inland, where they would be safer. Brave men would stay to defend the town, and some would serve as the Governor's messengers. The citizens of Monterey loved their families greatly, and many tears were shed at the idea of separation. Wives refused to leave their husbands, mothers their sons. But the Governor insisted. Everyone ran about hastily, packing the carts. Clothes were forgotten in the rush, hardly anyone remembered shoes, and only one clever girl thought to bring food. She ran into the woods, carrying on her head a basket filled with boiled beans; her long hair streamed in the breeze, but not for long! Grease from the beans came through the basket and ran down her hair and neck. What a mess!

Many of the women packed themselves and their families into lumbering *carretas* (carts), and headed off to the inland missions. The Vallejo family, Juana Magdalena, Encarnación, Rosalía, Salvador, Mariano, and their mother filled one cart to overflowing. In another shivered Doña Magdalena Estudillo, wife of the *Comandante*

of Monterey, whose husband would scarce be able to fight the enemy, being so worried about Doña Magdalena, his legendary wife.

One group of women, led by the rascally *el lego* (lay brother) Don Felipe García went off into the woods, wearing their bright red skirts. In the midst of the woods, to please his eyes, Don Felipe made the poor women lift up their skirts by telling them that the dread pirates had spy glasses and would be able to find them by seeing their full red skirts. Only he could have persuaded anyone that pirate spyglasses could see several miles through thick trees!

El gobernador veía a los estudiantes frecuentemente para vigilar su progreso. En esta época, cuando arribaban barcos a Monterey, aunque rara vez, la llegada de un barco era un suceso importante. El vigía de Mount Parnaso, cerca de Point Lobos, informaba al comandante Estudillo del Presidio, quien a su vez notificaba al gobernador, que entonces ordenaba que se tocaran los tambores para avisar a la gente. Luego el gobernador y todo el mundo bajaban a la playa para contemplar la llegada del barco. El gobernador Sola ordenaba que se dejara salir a los niños de la escuela y que se unieran al júbilo de la playa; les preguntaba sus lecciones mientras todos esperaban el barco.

Una vez, un barco fue avistado. El maestro Archuleta se encaminó a la playa y dijo a sus alumnos que antes de venir debían cerrar sus libros, tapar con el corcho sus tinteros y cerrar la *gatera* por la cual entraba y salía el gato. Los alumnos se lanzaron a la desbandada a la playa a ver al gobernador, olvidándose de todas estas instrucciones. El gobernador les preguntó, y quedó tan satisfecho de sus respuestas que mandó por una cesta de dátiles para dárselos. Pero mientras tanto, en la clase, una bandada de pollos encontró su camino a través de la *gatera* y derramó los tinteros sobre los libros. ¡Qué palizas cuando volviera la clase! Pero . . .

Pero la escuela y todo el resto de la vida diaria de Monterey fue interrumpida por la llegada de Bouchard. El gobernador sabía que Bouchard pronto atacaría Monterey, y ordenó que se hicieran los preparativos.

Se ordenó a todas las familias que salieran en la oscuridad de la noche y fueran tierra adentro, donde estarían más seguras. Los hombres valientes se quedarían para defender la ciudad, y algunos harían de mensajeros del gobernador. Los ciudadanos de Monterey amaban a sus familias enormemente, y muchas lágrimas fueron vertidas ante la idea de la separación. Las mujeres rehusaban dejar a sus maridos, las madres a sus hijos. Pero el gobernador insistía. Todos corrían apresuradamente, cargando los carros. Se dejaron atrás ropas con la prisa, apenas nadie se acordó de zapatos, y sólo a una chica lista se le ocurrió traer comida. Corrió al bosque, llevando sobre la cabeza una cesta llena de frijoles cocidos; su largo cabello flotaba en la brisa, pero ¡no por mucho tiempo! La grasa de los frijoles se filtraba por la cesta y descendía por el cabello y cuello. ¡Qué lío!

Muchas mujeres montaron con sus familias en lentas y chirriantes *carretas*, y se dirigieron hacia las misiones del interior. La familia Vallejo, Juana Magdalena, Encarnación, Rosalía, Salvador, Mariano, y su madre, llenó una carreta hasta los topes. En otra temblaba Doña Magdalena Estudillo, mujer del comandante de Monterey, cuyo marido, tan preocupado por Doña Magdalena, apenas podría luchar contra el enemigo.

Un grupo de mujeres, encabezadas por el vil lego Don Felipe García se largó a los montes, con sus faldas de un rojo vivo. En medio de los bosques, para deleitar sus ojos, Don Felipe hizo que las pobres mujeres se subieran las faldas, diciéndoles que los terribles piratas tenían catalejos y podrían encontrarles por sus amplias faldas rojas. Sólo él pudo persuadir a alguien de que los catalejos de los piratas podían divisar varias millas a través de densos árboles.

Mission of *Nuestra Señora Dolorosísima de la Soledad*, founded 1791 by *Padre Lasuén*

Padres
Jaime & Ibáñez

De Sola el nuevo govierno
Echando a la bigornia
Convertirá en un infierno
A toda la California.

—Padre Ibáñez

A church was built here in 1797 and a new one in 1808. In front, here, is Padre Ibáñez, a poet and friend of Governor Arrillaga, who had died here in 1814 and was buried in the nave. Padre Ibáñez died a few days after Bouchard bothered the Montereyeños. Soledad was badly flooded later, and little was left but heaps of mud. It is now being rebuilt.

Mission San Antonio de Padua, the third mission founded in Alta California, by *Padre Serra* in 1771
The first church here was a mile and a half away from the present one, which was begun in 1810. The grain and flour from here was famous throughout California.

Lieutenant Estudillo, Commander of the Presidio, was the highest ranking officer in Monterey after Governor Sola, and was responsible, under Governor Sola's command, for defending the town. He claimed to be afraid of nothing human—although he had had problems with animals. The Governor had ordered that no one in Monterey should gamble, but people met at night at the home of *Don* José Armenta to gamble in defiance of this law. Estudillo's aide, Víctor Arroyo, decided to end the gambling without arresting anyone. He had a bear suit made which fitted him so perfectly that when he wore it, no one but another bear could have known Arroyo wasn't a bear. One night he hid himself in the woods near *Tío* Armenta's house by the little trail which led back to the Presidio (near the present road to Pacific Grove). At two or three in the morning the gambling ended, and the rich García brothers, merchants, came along the trail. When Arroyo saw them he let out a terrifying roar, and began to chase them. They ran as fast as they could, but the bear ran faster. To escape what seemed certain death, the García brothers left the trail and leaped over the edge of a cliff. One broke his arm, the other his leg. Arroyo, seeing that his joke had become altogether too serious, went for a doctor.

The Garcías told everyone that they had been attacked by eight ferocious bears, but enough of the truth leaked out that people laughed at them. They believed Lieutenant José María Estudillo was responsible for their humiliation and pain, and they decided to revenge themselves on him after their recovery. With several gifts they persuaded Víctor Arroyo and his brother—who would also do anything for a joke—to dress up in bear skins to give Estudillo a dose of the same medicine.

Estudillo was riding by the *lagunita* on the road to the Orchard del Rey one day; two bears leapt out at him, apparently athirst for human blood. Estudillo's horse was terrified, and jumped into the water. The bears remained on the bank; each time Estudillo tried to make his horse leave the pond, the bears roared so loudly that the horse swam away from the only landing place. Soon the horse got hopelessly stuck in the mud, and Estudillo had to get off and swim. When he landed, the bears attacked, and Estudillo decided he could save his life only by playing dead, since he believed bears would not attack a dead body. Perhaps he was right; he survived.

The citizens of Monterey greatly enjoyed hearing this story, as they felt Estudillo boasted too much of his own talent and bravery. They used to say that a man could make a wonderful profit if he could buy Estudillo for as much as most people thought his talents were worth, and then sell him again at half the value Estudillo put on himself.

Mission San Miguel Arcángel on the Salinas River, founded 1797 by *Padre Lasuén*, rebuilt in 1818

El teniente Estudillo, comandante del Presidio, era el oficial de mayor graduación en Monterey después del gobernador Sola, y era responsable, bajo el mando del gobernador, de la defensa de la ciudad. Alegaba que no temía a nada humano—aunque había tenido problemas con animales. El gobernador había ordenado que nadie de Monterey jugara, pero la gente se reunía por la noche en casa de Don José Armenta para jugar a despecho de esta ley. El ayuda de Estudillo, Víctor Arroyo, decidió terminar con el juego sin arrestar a nadie. Se hizo hacer un traje de oso que le sentaba tan perfectamente que cuando lo llevaba nadie, salvo otro oso, hubiera sabido que Arroyo no era un oso. Una noche se escondió en el bosque cerca de la casa de Tío Armenta, junto al caminito que conducía tras el Presidio (cerca de la actual carretera a Pacific Grove). A las dos o tres de la mañana acabó el juego, y los ricos hermanos García, comerciantes, venían por el camino. Cuando Arroyo los vió lanzó un rugido terrible, y comenzó a perseguirles. Corrían tan rápido como podían, pero el oso corría más rápido. Para escapar de lo que parecía una muerte cierta, los hermanos García dejaron el camino y saltaron sobre el borde de un precipicio. Uno se rompió un brazo, el otro una pierna. Arroyo, viendo que su broma se había convertido en algo demasiado serio, fue en busca de un doctor.

"La chanza que hiere no es chanza, y las diversiones valen menos cuando traen daños."

Los Garcías contaron a todo el mundo que habían sido atacados por ocho osos feroces, pero la verdad se divulgó lo suficiente como para que la gente se riera de ellos. Creyeron que el teniente José María Estduillo era el responsable de su humillación y dolor, y decidieron vengarse de él una vez recuperados. Con varios regalos trataron de persuadir a Víctor Arroyo y a su hermano—que también hacía cualquier cosa por una broma—para que se vistieran con pieles de oso para dar a Estudillo una dosis de la misma medicina.

Un día, Estudillo cabalgaba junto a la lagunita camino del Huerto del Rey; dos osos brincaron hacia él, al parecer sedientos de sangre humana. El caballo de Estudillo estaba aterrorizado, y saltó al agua. Los osos se quedaron en la orilla, cada vez que Estudillo trataba de hacer que su caballo dejara la charca, los osos rugían tan fuertemente que el caballo nadaba lejos del único lugar posible para salir. Pronto el caballo se quedó atascado en el cieno, y Estudillo tuvo que desmontar y nadar. Cuando llegó a tierra los osos le atacaron y Estudillo decidió que sólo podía salvar su vida haciéndose el muerto. Quizá tenía razón: sobrevivió.

No son burlas las que duelen.
Jest that wounds is no jest.

El 22 de noviembre de 1818 el comandante Estudillo bajó a la costa de Monterey, dispuesto a cumplir su deber de saludar a todos los barcos que llegaban a Monterey para saber si se les podía permitir el desembarco. Llevaba consigo su libro de hacer señales con banderas (que databa del siglo anterior), su catalejo y su megáfono de plata, que se puso a la boca, y gritó: "¡HO BERGANTIN! ¿QUE BARCO ES ESE?"

On November 22, 1818, Commandante Estudillo went down to the shore in Monterey, ready to carry out his duty of greeting all ships arriving at Monterey to find out if they would be allowed to land. He carried with him his book of flags (which dated from the last century), his spyglass, and his silver megaphone, which he placed to his mouth and called through, "HO, BRIGANTINE! WHAT SHIP IS THAT?"

The Spanish artillerymen should have been uniformed like this, but in 1817 Sola wrote that they had no clothes to wear, that the guns were defective, munitions wanting, and the few artillerymen were disabled and unskillful.

The Royal Chapel of the Monterey Presidio, built in 1794

It *was* Bouchard! The battle was about to begin. Governor Sola set up his command post in the tall tower of the presidio church, from which he could see nearly everything. From there he sent out his messengers with orders.

Ahora había comenzado la batalla. El gobernador Sola dispuso su puesto de mando en la alta torre de la iglesia del presidio, desde la cual podía divisar casi todo. Desde allí despachaba a sus mensajeros con órdenes.

Los artilleros españoles deberían haber estado uniformados como aquí, pero en 1818 Sola escribía que no tenían qué vestirse, que los cañones eran defectuosos, carecían de municiones y los pocos artilleros estaban lisiados y eran inexpertos.

Commodore Bouchard answered the polite question most rudely by firing on the town's defenses. The harbor was guarded by a fort, which stood on the hill about a mile west of town, about 400 yards in front of the present Presidio Museum, and by a small hidden battery near the water's edge in a place then known as the *Mentidero*, because *Tío* Armenta and his friends met there to trade gossip. It is now the site of the concrete pier opposite Fisherman's Wharf. The fort had a wall facing the sea, where it mounted 10 brass 12-pounder cannon, but it was open and undefended on the land side. The little waterside battery had only three guns.

Bouchard's fire was answered by young Captain Don José de Jesús Vallejo, commanding the waterside battery, who shot his three guns at the black frigate (the Santa Rosa) and aimed so well that he opened several holes in the waterline, and did serious damage to the masts, spars, and rigging. Soon the frigate, in serious difficulties, ran up a white flag to surrender.

The main fort gave no help at all; its inexperienced artillerymen aimed too high and did no damage to the enemy. Lieutenant Estudillo, suffering from being separated from his famous wife, became useless with worry, and no one knew what to do about the enemy surrender. Governor Sola ordered young Vallejo to keep firing, but the commander of the upper fort, Don Manuel Gómez, commanded him to cease fire. One of Gómez's nephews was a lieutenant under Bouchard: some people said Gómez was working for the rebels.

El comodoro Bouchard contestó a esta cortés pregunta de la forma más ruda disparando contra las defensas de la ciudad. El puerto estaba guardado por un fuerte que se alzaba sobre una colina como a una milla al oeste de la ciudad, unas 400 yardas frente al actual Museo Presidio, y por una pequeña batería oculta cerca del borde del agua, en un lugar conocido entonces como el *Mentidero*, porque *Tío* Armenta y sus amigos se juntaban allí para intercambiar cotilleos. Hoy está ocupado por el muelle de cemento frente a Fisherman's Wharf. El fuerte tenía una muralla que miraba al mar, donde estaba montado un cañón de bronce de 12 libras, pero estaba al descubierto y sin defensa por el lado de tierra. La pequeña batería junto al agua tenía sólo tres cañones.

El fuego de Bouchard fue contestado por el joven capitán Don José de Jesús Vallejo, al mando de la batería junto al agua, el cual disparó sus tres cañones contra la negra fragata (el Santa Rosa) y apuntó tan bien que abrió varios boquetes en la línea de flotación, y causó gran daño a los mástiles, palos y aparejo. Pronto la fragata, en serias dificultades, enarboló una bandera blanca de rendición.

El fuerte principal no ayudó en absoluto; sus inexpertos artilleros apuntaban demasiado alto y no averiaron al enemigo. El teniente Estudillo, sufriendo por estar separado de su celestial mujer, quedó inútil con la preocupación, y nadie sabía qué hacer acerca de la rendición del enemigo. El gobernador Sola ordenó al joven Vallejo que siguiera disparando, pero el comandante del fuerte de arriba, Don Manuel Gómez, le ordenó el alto del fuego. Uno de los sobrinos de Gómez era teniente de Bouchard; algunos decían que Gómez trabajaba para los rebeldes.

Compañía de milicia activa de artillería de California.
The heavy artillery rent the air with its dreadful roar.
La artillería gruesa con espantoso estruendo rompía los vientos.

Young Vallejo said he would never stop firing until the enemy abandoned their ship and swam ashore to surrender, since he could not otherwise capture them. Don Manuel Gómez was so angry at having his orders ignored that he demanded that his men turn their guns upon the lower fort to shoot Vallejo's young men. This order was also disobeyed, as his soldiers could not bring themselves to kill their brave fellow citizens.

Gómez, still angrier, ordered Sergeant Ignacio Vallejo, the father of Don José de Jesús, to make his son obey the order to cease firing. Sergeant Vallejo went to his son, placed the point of his sword at his son's breast, and ordered him to obey, or be killed on the spot. "I obey," said Don José de Jesús, "but all that has been won is now lost."

He was right. When Bouchard realized that neither fort was bothering him anymore, he moved his ship around the point and prepared to land his nearly 600 armed men.

Earlier, the Montereyños thought the expected pirates were just a rumor, and would never arrive to excite their calm days. They invented a new dance called *La Remadora*, the Oarswoman, in which a lady sang as she danced, "*Allá vienen los insurgentes, pero no sabemos cuándo*-the insurgents are coming, but we don't know just when." But now, on November 22, they had certainly arrived, and that line of the song was dropped.

El joven Vallejo dijo que jamás cesaría de disparar hasta que el enemigo abandonara su barco y nadara a tierra para rendirse, puesto que de otra manera no podía capturarles. Don Manuel Gómez se enfureció tanto ante la desobediencia de sus órdenes que exigió a sus hombres que volvieran sus cañones sobre el fuerte de abajo para disparar contra los hombres del joven Vallejo. Esta orden fue desobedecida también, pues sus soldados no se decidieron a matar a sus bravos conciudadanos.

Gómez, aún más enfurecido, ordenó al sargento Ignacio Vallejo, el padre de Don José de Jesús, hacer que su hijo obedeciera la orden de alto el fuego. El sargento Vallejo fue hacia su hijo, colocó la punta de sus espada sobre el pecho de su hijo, y le ordenó obedecer o ser muerto en el acto. "Obedezco," dijo Don José de Jesús, "pero todo lo que ha sido ganado está ahora perdido."

El tenía razón. Cuando Bouchard se dio cuenta que ninguno de los dos fuertes le molestaba ya, trasladó su barco alrededor de la punta y se dispuso a desembarcar a cerca de 600 hombres armados. Antes, los Monteryeños pensaban que los esperados piratas no eran más que un rumor y que nunca llegarían a perturbar sus calmados días. Inventaron una nueva danza llamada *La Remadora*, en la cual una dama cantaba al bailar: "*Allá vienen los insurgentes, pero no sabemos cuándo.*" Pero ahora, el 22 de noviembre, sin duda habían llegado y se suprimió ese verso de la canción.

Bien es verdad que soy algo malicioso.

Cavalry ensign Estrada bravely took about 70 men to repel the enemy's landing. But Bouchard's force got ashore at the beach of Doña Brígida, Tío Armenta's wife, who grew all the vegetables consumed in Monterey. (This is now in Pacific Grove, about three miles west of the fort.) Estrada's men retreated heroically, firing a gun now and again. Before the troops in the fort could move their cannon to its undefended side, the enemy were charging it.

They rushed up with their band playing and a bloody-red flag flying.* The Sandwich Islanders led, carrying pikes.

As the enemy came into the fort, the defenders left hastily. Sgt. Ignacio Vallejo blew up a nearby ammunition dump, hoping to injure someone, but no harm was done, except to the ammunition. Bouchard's men now turned the Spanish guns on the town below, and Monterey was at their mercy. Its citizens had abandoned it, and the enemy entered into the grand capital of California.

Alvarado, one of Sola's adopted sons, later wrote, "Histories of maritime battles never before referred to an action as ridiculous as this. From beginning to end it was a series of blunders. Monterey at 9 in the morning could have sunk half the enemy forces, but by 3 in the afternoon it became the victim of its own fatal compassion, and flames and ashes were the harvest it reaped."

* The bloody-red flag, when raised by pirates, meant that no quarter would be given. You can learn all about this and more in the Bellerophon Book of PIRATES, just 2.95 at your store or write us.

Puede que los cañones del fuerte estuvieran montados así, pero probablemente eran piezas de campaña sobre ruedas. Posiblemente los artilleros españoles no iban de uniforme, sino con traje ranchero.

The guns in the fort may have been mounted like this, but they were probably wheeled field pieces. The Spanish artillerymen were probably not in full uniform, but in ranchero gear.

El alférez de caballería Estrada tomó valerosamente setenta hombres para rechazar el desembarco enemigo. Pero la fuerza de Bouchard desembarcó en la playa de Doña Brígida, la mujer de Tío Armenta, la cual criaba todas las verduras consumidas en Monterey. (Está hoy en Pacific Grove, unas tres millas al oeste del fuerte). Los hombres de Estrada se retiraron heroicamente, disparando de vez en cuando. Antes de que las tropas del fuerte pudieran trasladar su cañón al lado indefenso, el enemigo lo estaba atacando.

Se precipitaron al son de su banda, enarbolando una bandera color sangre, lo cual significaba que no darían cuartel. Los isleños de las Sandwich iban en cabeza, portando picas.

Conforme el enemigo entraba en el fuerte, los defensores salían a la desbandada. El sargento Ignacio Vallejo voló un depósito de munición. Entonces, los hombres de Bouchard volvieron los cañones sobre la ciudad, abajo, y Monterey estaba a su merced. Sus ciudadanos la habían abandonado y el enemigo irrumpió en la gran capital de California.

Withdrawing is not flight.

Alvarado, uno de los hijos adoptivos de Sola, escribió más tarde: "Las historias de batallas navales nunca habían referido antes una acción tan ridícula como ésta. De principio al fin fue una serie de disparates. Monterey a las nueve de la mañana podía haber hundido la mitad de las fuerzas enemigas, pero para las tres de la tarde se convirtió en la víctima de su propia y fatal compasión, y llamas y cenizas fueron la cosecha que segó."

A legion of demons
Alguna legión de demonios

There were Sandwich Islanders, Americans, Spaniards, Portuguese, and mixtures of all these, Blacks, Manilamen, Malays, and a few Englishmen.

Había isleños de las Sandwich, americanos, españoles, portugueses y mezcla de todos éstos, negros, manileños, malayos y unos cuantos ingleses. La confusión de los hombres no era aprobada en absoluto por las mujeres, que cabalgaban de un lado a otro ayudando a sus maridos y hermanos. En aquellos días las californias eran expertas jinetas y podían hacer todo lo que hicieran los hombres, y a veces mucho más.

Bouchard's men had complete possession of Monterey, and now they behaved less like the soldiers they claimed to be, than like the pirates they were called by the loyal Californians, who could not imagine that any rebel against their King could be anything but a criminal.

Bouchard's sailors searched the houses for money, breaking and destroying anything they could not use. The Sandwich Islanders, who were quite naked when they landed, soon were dressed in the richest clothes they could find, with ponchos, or serapes, so richly embroidered that they were valued at hundreds of pesos, and silk rebozos—expensive China silk handkerchiefs to wrap around their heads. When they finished looting, Bouchard ordered them to burn the town.

Los hombres de Bouchard tomaron posesión completa de Monterey, y entonces se comportaron menos como los soldados que alegaban ser y más como los piratas que les denominaban los leales californios, los cuales no podían imaginar que ningún rebelde contra su Rey pudiera ser algo más que un criminal.

Los marineros de Bouchard registraron las casas en busca de dinero, rompiendo y destruyendo todo lo que no podían usar. Los isleños de las Sandwich, que estaban completamente desnudos cuando desembarcaron, pronto estuvieron vestidos con las ropas más ricas que pudieron encontrar, con ponchos o sarapes, tan ricamente bordados que estaban valorados en cientos de pesos, y con rebozos de seda—pañuelos de costosa seda china anudados en torno a sus cabezas. Cuando terminaron de saquear, Bouchard les ordenó quemar la ciudad.

The confusion of the men was not approved of at all by the women, who rode from one place to another helping their husbands and brothers. Californian women in those days were expert riders, and they could do anything that the men could, and sometimes much more.

¿Que descaecimiento es éste?
What despondency is this?

It would cause even the most hard-hearted man to weep (it drew tears from Sola himself, dressed in his colonel's uniform).

Haría llorar incluso al más duro de los hombres (provocó las lágrimas del propio Sola, vestido con su uniforme de coronel).

Governor Sola and his scattered army waited at Rancho del Rey, now Salinas town, expecting Bouchard and his men to attack the rich missions of the interior next in their war against the King of Spain, and fearing that they would not be able to stop them. But, as wise Sancho Panza says, "Heaven's help is better than early rising," and with no effort from the Governor's army, Bouchard's fleet just slipped away. No one knew why. History never tells us everything that happened, and not everything that history tells us is true; perhaps a friend of ours who knew how to use tools started Bouchard's departure.

El gobernador Sola y su disperso ejército aguardaron en el Rancho del Rey, hoy la ciudad de Salinas, esperando que Bouchard y sus hombres atacaran las ricas misiones del interior como paso siguiente en su guerra contra el Rey de España, y temiendo que no podrían detenerles. Pero, como dice el sabio Sancho, "La ayuda del cielo es mejor que un buen madrugón," y sin empeño de parte del ejército del gobernador, la flota de Bouchard se escabulló, zarpó rumbo al sur. Nadie supo por qué. La historia nunca nos dice todo lo que ocurrió, y no todo lo que la historia nos cuenta es verdad. Quizás una amiga nuestra que sabía usar utensilios causó la partida de Bouchard.

Men have received many lessons from the beasts.
De las bestias han recibido muchos advertimientos
los hombres y aprendido muchas cosas de importancia.

See what magic can do.
Y advierte lo que puede la magia.

Something caused the pirates to suddenly just drift away, and it was considered a most marvelous thing that San Carlos Mission was left standing. *Algo* hizo que los piratas se alejaran súbitamente, y se consideró una maravilla que la Misión de San Carlos quedara en pie.

Dejemos estas fantasmas y volvamos a buscar mejores y más calificadas aventuras.

After Bouchard left, Governor Sola returned from the Rancho del Rey to begin the task of rebuilding Monterey with the aid of workmen from all the missions. They began with the church, which had been sacked. Three times the soldiers, led by all the holy fathers, marched round it chanting hymns to cleanse it of the evil done there by Bouchard's band. Then they began fixing it. Within they found some poetry written by Don Nicolás Alviso:

> *In 1818 at reveille,*
> *That time for praising God,*
> *A most terrible pirate,*
> *Bouchard, that was his name,*
> *Won great and horrid fame,*
> *On November the twenty-second.*

Tras la partida de Bouchard, el gobernador Sola regresó del Rancho del Rey para iniciar la tarea de la reconstrucción de Monterey con la ayuda de trabajadores de todas las misiones. Comenzaron por la iglesia, la cual había sido saqueada. Tres veces marcharon los soldados en torno suyo, encabezados por los santos padres, entonando himnos, para lavarla del mal infringido por la partida de Bouchard. Luego comenzaron a repararla. Dentro encontraron un poema escrito por Don Nicolás Alviso:

> *En el año diez y ocho a la diana,*
> *Tiempo de alabar a Dios,*
> *Un pirata muy atroz,*
> *"Bouchard" era su nombre,*
> *Adquirió grande renombre*
> *De noviembre al veintidós.*

I know by experience that I have enemies visible and invisible.

Que sé por experiencia que tengo enemigos visibles e invisibles.

Continuó en este rumbo por un tiempo, pero mientras tanto el gobernador se afanaba enviando mensajeros rumbo al sur, ordenando a sus vigías costeros que tuvieran cuidado de Bouchard y dieran la alarma a los colonos en cuanto alguno pretendiera desembarcar. Nuestros californios cabalgaron hacia el sur por la costa, rara vez perdiendo de vista a Bouchard.

He went on in this way at some length, but meanwhile the Governor was busy sending messengers south, telling his coast-watchers to look out for Bouchard and alarm the settlers whenever anyone tried to land. Our *dos* Californios rode south along the coast, seldom letting Bouchard out of sight.

When they reached Mission San Luis Obispo, they joined Padre Luis Martínez, who rose from a sickbed to lead his army of Indians. Padre Martínez, the most loved of the mission fathers, more than anyone else had brought industry to Alta California. He established the first cloth looms, and his excellent cloth from Mission San Luis Obispo clothed the troops of the four presidios. He also had a good carriage shop which built splendid wagons, not the clumsy carts used elsewhere in the country. He was so much of a businessman, we are sorry to say, that he even traded in sea otter skins with the Yankees. But there was no time for such unseemly business when the flag of his king was being attacked!

Padre Martínez was always loyal to his king; when California later flew the new flag of México, Padre Martínez was caught carrying messages in code from a Spanish general. He was nearly hanged, and was banished from the Territory. When he boarded the ship which was to take him away, he seemed very fat as he walked heavily on board. Under this good holy businessman's habit he wore a belt full of gold doubloons, the profits of his business to be used for his king.

Bouchard was unwilling to tangle with the formidable friar and went on south, followed closely by our heroes. As they passed the harbor of San Luis Obispo, called Puerto Real, they left the country of the *arribeños* (Northern Californians) and entered that of the *abajeños* (Southern Californians).

Mission La Purísima Concepción, founded 1787 by *Padre Lasuén*

A temporary church was built in 1788 and replaced by an adobe one in 1802. The earthquake of 1812 tumbled this down, and put a huge crack in the hill behind ⌐which you can still see at the end of F Street in Lompoc, along with some of the remaining mission walls which, sadly, are fast disappearing. Padre Payéras built a new church shortly after; it is a treat to visit it.

Mission San Luis Obispo de Tolosa, founded 1772 by *Padre Serra*

Padre Martínez, whose adventures are legendary, had been serving here since 1798. He wrote that the ladies of the presidios should have stayed to charm the pirates, who would then become easy prey. He was even willing to burn his mission to stop them, if necessary.

Cuando llegaron a la misión de San Luis Obispo se reunieron con el Padre Luis Martínez, que dejó su lecho de enfermo para ponerse al frente de su ejército de indios. El Padre Martínez, el más querido de los padres de la misión, más que ningún otro había traído la industria a Alta California. Estableció los primeros telares de paño, y su excelente paño de la misión de San Luis Obispo vestía a las tropas de los cuatro presidios. También tenía un buen taller de carruajes que hacía estupendas carretas, no los incómodos carros usados en el resto del país. Tenía tanto de comerciante, nos apena decir, que incluso traficaba pieles de nutria con los yanquis. ¡Pero no había tiempo para negocios tan impropios cuando la bandera de su rey estaba siendo atacada!

El Padre Martínez fue siempre leal a su rey; cuando California enarboló más tarde la nueva bandera de México, el Padre Martínez fue cogido llevando mensajes en cifra de un general español. Estuvo a punto de ser ahorcado, y fue desterrado del Territorio. Cuando subió al barco que iba a llevarle lejos, parecía muy gordo al encaminarse pesadamente a bordo. Bajo este santo hábito de negociante llevaba una faja llena de doblones de oro, las ganancias de sus negocios para ser puestas al servicio de su rey.

Bouchard no estaba dispuesto a enredarse con el formidable fraile y siguió hacia el sur, seguido de cerca por nuestros héroes. Al pasar el puerto de San Luis Obispo, llamado Puerto Real, dejaron el país de los *arribeños* (los californios del norte) y entraron en el de los *abajeños* (los californios del sur).

The little chapel first built here was also damaged by the earthquake of December 21, 1812. A new church was built of brick and adobe in 1815-1817, which you can visit today.

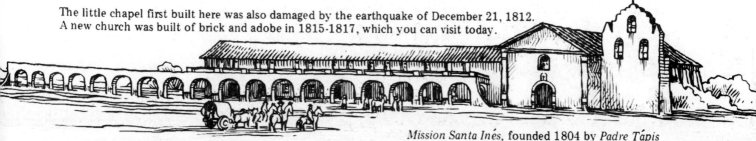

Mission Santa Inés, founded 1804 by *Padre Tápis*

They galloped along the upper Santa Barbara Channel, the land of the *Canaleños* at Refugio Cove, just below Point Conception. Here the land belonged to the rich Ortegas, who made a fortune smuggling. By moonlight, and even in broad daylight, they met Yankee sailors on the Santa Barbara Islands to trade sea otter skins for Yankee merchandise. The mission fathers did not report or stop this illegal traffic because they got some of the profits, and business prospered miraculously.

The Ortega adobe at Arroyo Hondo near Refugio Cove

Bouchard's crew, lured by rumors of Ortega gold, descended to punish the Ortegamen for this lucrative trade. They robbed, then burned the Refugio Ranch buildings which were probably located where the highway now stands, opposite the State Park. The Ortegas built further up the canyon, but those buildings too are now gone. However, descendents of the Ortegas, the oldest Spanish family in California, still live nearby in a lovely adobe at Arroyo Hondo, which you can see from the highway going north from Refugio.

At Refugio Bouchard's crew lost a lieutenant from Boston and two seamen, captured by lassos and put in the stocks for all to jeer at. Bouchard, undiscouraged, thought of ascending the Cuesta de Santa Ines to plunder the mission of that name. (The road there from Refugio has changed little since the mission days: take it if you would like a taste of what travel was like in old California.)

But, as Sancho says, "Fortune leaves always some door open to serve as a remedy," and a sudden mysterious misadventure forced Bouchard to sail on and repair his rudder. Underwater warfare is not so recent an invention as some think.

Cañada del Refugio

The 1812 earthquake is said to have carried an American sea captain up the canyon and back down again. The surfers there now would have loved this!

Galoparon a lo largo del Canal superior de Santa Bárbara, la tierra de los *Canaleños* en Refugio Grove, justo bajo Point Conception. Allí la tierra pertenecía a los ricos Ortegas, que hicieron fortuna contrabandeando. A la luz de la luna, e incluso en pleno día, se reunían con marineros yanquis en las islas de Santa Bárbara para traficar pieles de nutria por mercancía yanqui. Los padres de la misión no informaban acerca de este tráfico ilegal, ni intentaron detenerlo porque ellos obtenían parte de los beneficios, y el negocio prosperó milagrosamente.

La tripulación de Bouchard, atraída por los rumores del oro de Ortega, bajó para castigar a los hombres de Ortega por este lucrativo negocio. Robaron, y quemaron luego el Rancho Refugio, que estaba probablemente situado donde está hoy la carretera, frente al Parque Estatal. Los Ortegas volvieron a construir más arriba del cañón, pero aquellas edificaciones también han desaparecido hoy. Sin embargo, unos descendientes de los Ortegas, la familia española más antigua de California, viven aún cerca, en una encantadora casa de adobe en Arroyo Hondo, que puedes ver desde la carretera yendo hacia el norte desde Refugio.

En Refugio la tripulación de Bouchard perdió un teniente de Boston y dos marinos, capturados a lazo y puestos en el cepo para que todos se burlaran. Bouchard, sin desalentarse, pensó en subir la Cuesta de Santa Inés para saquear la misión de ese nombre. (La carretera desde Refugio ha cambiado poco desde los tiempos de la misión; síguela si quieres una muestra de lo que era viajar en la antigua California.)

Y manos a la labor, que en la tardanza dicen que suele estar el peligro.

Pero, como dice Sancho, "La Fortuna siempre deja alguna puerta abierta de remedio," y una repentina y misteriosa desgracia forzó a Bouchard a zarpar y reparar su timón. La guerra submarina no es un invento tan reciente como algunos piensan. "Pero, señor, decidme ¿llamáis a esto una aventura agradable cuando hemos salido apaleados tan lamentablemente?"

Bouchard sailed on south, followed by Spanish troops on the shore. By the evening of the 8th of December, he was off the town and mission of Santa Barbara. The citizens there, having heard of the destruction of Monterey and Refugio, had fled the town.

Bouchard zarpó rumbo al sur, seguido de las tropas españolas por la costa. Para la mañana del ocho de diciembre estaba cerca del pueblo y misión de Santa Bárbara. Allí, los habitantes, enterados de la destrucción de Monterey y Refugio, habían huido.

Is that not Bellerophon's horse?
¿No es ése el caballo de Belerofonte?

Mission Santa Barbara, founded 1786 by *Padre Lasuén* New churches were built here in 1787, 1789, 1793; the last one was destroyed by the 1812 earthquake. A new church was nearing completion when Bouchard arrived.

The *Comandante* of Santa Barbara, Captain José de la Guerra, thought the enemy would not dare approach his shore, because the anchoring ground near Santa Barbara was dangerous in winter. But he prepared a defense, and Padre Ripoll organized a force of Indian lancers and archers. Everyone hoped that Saint Barbara, the patroness of the formidable Spanish artillery which had daunted Bouchard at Monterey, would defend her town. December fourth had been her day, and many prayers had been made to her.

Al pueblo de Santa Bárbara
Yo, Bouchard, exijo la devolución de los tripulantes prisioneros. Devuélvanlos y no atacaré el pueblo.

But Bouchard anchored, and ran up a flag of truce. He sent ashore a letter, which he left on a stick stuck into the sand, saying that if his captured men were returned to him, he would spare the town and leave the coast. Although his men were returned to him, that was not what made Bouchard flee from Santa Barbara, the town where the Spanish jailed the hunters of sea otters. Another mysterious event struck fear in the hearts of his crew, who never knew what had frightened them; but we, who know that sea otters like to wrap themselves in kelp, may perhaps understand more than they did. A mere bagatelle of gratitude, this, to a lovely town.

Bouchard went on to the anchorage at Santa Cruz Island, where he found water and firewood. No one fought him here: the Indians of the channel islands had been killed by sea otter hunters.

The new mission church at Santa Barbara, above, begun in 1815 after the old one was destroyed in the 1812 earthquake, was just nearing completion at this time. Timbers were brought down from Santa Cruz by the American Captain Wilcox, the walls were strongly built of hewn stone with good buttresses, and there was a tower (not shown in any illustration) of two stories with six bells. It had a plastered, frescoed ceiling, marbled columns, and was said to be strong, neat, and agreeable.

El comandante de Santa Bárbara, capitán José de la Guerra, pensó que el enemigo no se atrevería a acercarse a tierra, porque el fondeadero cerca de Santa Bárbara era peligroso en invierno. Pero se aprestó a la defensa, y el Padre Ripoll organizó una tropa de lanceros y arqueros indios. Todos esperaban que Santa Bárbara, patrona de la formidable artillería española—que había espantado a Bouchard en Monterey—defendería la localidad. Su fiesta había sido el cuatro de diciembre y se le habían ofrecido muchas rogativas.

A later church in the *Santa Barbara Presidio,* which had been founded 1782 by Governor *Filipe de Neve* and dedicated by *Padre Serra*

A new presidio chapel was built in 1813 of wood. Here in 1818 was Capt. de la Guerra, who challanged Bouchard to a duel.

Bouchard fondeó y enarboló una bandera de tregua. Envió a tierra una carta, que dejó en un palo clavado en la arena, diciendo que si se le devolvían los hombres que le habían sido capturados perdonaría al pueblo y dejaría la costa. Aunque le fueron devueltos sus hombres, esto no fue lo que hizo huir a Bouchard de Santa Bárbara, el pueblo donde los españoles encarcelaban a los cazadores de nutrias. Otro misterioso suceso sembró el miedo en los corazones de su tripulación, que nunca supo lo que les había atemorizado; pero nosotros, que sabemos que a las nutrias les gusta envolverse en algas, quizá podamos comprender mejor que ellos. Una mera bagatela de gratitud, ésta, para un pueblo encantador.

Bouchard continuó hasta el fondeadero de la isla de Santa Cruz, donde encontró agua y leña. Nadie le combatió allí; los indios de las islas del canal habían sido muertos por cazadores de nutrias.

Aquí sí que fue el erizarse los cabellos de todos, de puro espanto.
Everyone's hair stood on end in pure horror.

Not everyone is sufficiently intelligent to be able to see things from the right point of view.
No son todas las personas tan discretas que sepan poner en su punto las cosas.

Mission San Buenaventura, founded 1784 by *Padre Serra*

Bouchard didn't stop here. This mission was famous for its magnificent gardens, and he couldn't take those with him.

Bouchard sailed on past the Mission Ranchería of Santa Monica to the anchorage at San Pedro. His spies signalled to him not to land; Los Angeles had sent out a large force of citizen soldiers to defend the coast. Bouchard continued southward, anchoring in the inlet at San Juan Capistrano.

He sent a message ashore to say that he would spare the mission if it gave him a supply of provisions. Alférez Santiago Arguello, sent up from the presidio at San Diego to defend the town, replied that if Bouchard chose to land, they would be happy to supply him with more powder and shot than he could digest. Bouchard was enraged by this defiance, and he and his crew agreed to loot and burn the town.

Arguello's men failed to live up to their brave words, and soon the town was Bouchard's. But the pirate crew was conquered by other means here.

Mission San Fernando Rey de España, founded 1797 by *Padre Lasuén*

Exquisite wines from San Fernando, made with secret formulae, were sent for the relief of Monterey in 1818.

Bouchard navegó pasando la misión Ranchería de Santa Mónica hasta el fondeadero de San Pedro. Sus espías le hicieron señales de no desembarcar; Los Angeles había dispuesto una gran tropa de milicia para defender la costa. Bouchard continuó rumbo al sur, fondeando en la ensenada de San Juan Capistrano.

Envió un mensaje a tierra para decir que perdonaría a la misión si le daba provisiones. El alférez Santiago Argüello, enviado desde el presidio de San Diego para defender el pueblo, replicó que si Bouchard decidía desembarcar, ellos estarían contentos de proporcionarles más pólvora y proyectiles de lo que podían digerir. Bouchard se enfureció con este desafío, y él y su tripulación acordaron saquear y quemar la población.

Los hombres de Argüello no lograron cumplir sus valientes palabras, y pronto el pueblo era de Bouchard. Pero la tripulación pirata fue conquistada por otros medios.

Pueblo de Nuestra Señora la Reina de los Angeles, founded 1781

The Church of the *Pueblo* of *Los Angeles*, finished 1822-23

The missions contributed brandy for the building fund of the church. This was converted into money as the citizens drank immense quantities in their zeal for the town's spiritual welfare. Bancroft

Mission San Gabriel Arcángel, founded 1771 by *Padres Cambón and Somera*
In 1818, oranges and pomegranates were sent from San Gabriel to feed the Monteryeños.

Bouchard's men found little money, but someone helped them discover the town's many underground hiding places, in which were concealed a great deal of wine and spirits from the ten huge stills at San Luis Rey Mission. Bouchard's men decided to drink their loot, and soon were all quite roaring—some so much so that they had to be tied on top of the field guns and dragged back to the beach. They were in no shape to fight a battle or burn a town.

The insurgents arrived
With Hipolito Bouchard,
And at the time they landed
Were met by a band of valiants.
Many of his crew were downed
And they all fell in confusion.

Ah, that a bolt from heaven
Would strike them down without pity
And that Satan, the merciless,
Would consume them in his hell.

Llegaron los insurgentes
Con Hipólito Buchar,
Y al tiempo de desembarcar
Se encontró con los valientes.
Le mataron muchas gentes
Que se hicieron remolinos.

Ojalá un rayo del cielo
Los caiga sin caridad,
Y que el Diablo sin piedad
Los consuma hasta el infierno.

—Nicolás Alviso, 1818

Los hombre de Bouchard encontraron poco dinero, pero alguien les ayudó a descubrir los numerosos escondrijos subterráneos del pueblo, en los cuales había oculto gran cantidad de vino y licor procedente de diez enormes alambiques de la misión de San Luis Rey. Los hombres de Bouchard decidieron beber su botín, y pronto estuvieron todos bien bulliciosos—algunos tanto que tuvieron que ser atados sobre los cañones de campaña y ser arrastrados de vuelta a la playa. No estaban en forma para librar una batalla ni quemar una localidad.

Here had been the finest church in California, finished in 1806 with five stone arches and a lofty tower. The earthquake of 1812 brought it down, and killed many Indians who were inside. It has not been rebuilt. This was a favorite stopping place for American sailors.

Una golondrina no hace verano.

Mission San Juan Capistrano, founded 1775 by *Padre Lasuén*

Esta es una grande y puntual historia.